Arnhilt Schulz
# Siebenpunkt, der Sechsbeiner

D1725785

Arnhilt Schulz

# Siebenpunkt, der Sechsbeiner

## Geschichten aus dem Leben kleiner Tiere

Mit Zeichnungen von
Christian Walter

2. Auflage 1995

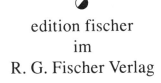

edition fischer
im
R. G. Fischer Verlag

Die Deutsche Bibliothek – CIP-Einheitsaufnahme

**Schulz, Arnhilt:**
Siebenpunkt, der Sechsbeiner : Geschichten aus
dem Leben kleiner Tiere / Arnhilt Schulz. –
2. Auflage – Frankfurt (Main) : R. G. Fischer, 1995
(Edition Fischer)
ISBN 3-89501-239-4

2. Auflage 1995
© 1994 by R. G. Fischer Verlag
Orber Straße 30, D-60386 Frankfurt/Main
Alle Rechte vorbehalten
Satz: Textverarbeitung Chr. Meyer, München
Schriftart: Palatino 12´n
Herstellung: Druckerei Ernst Grässer, Karlsruhe
Printed in Germany
**ISBN 3-89501-239-4**

Meinen Enkelkindern
Arnika, Katharina, Andreas und Niklas

# Inhalt

# Siebenpunkt, der Sechsbeiner

„Hilfe, ich ertrinke", rief Siebenpunkt voll Angst.
„Unsinn", zischte die Bremse, „so schnell geht man nicht
unter."

In der Nacht war ein gewaltiger Gewitterregen heruntergekommen und hatte im Garten große Pfützen gebildet. Siebenpunkt, der kleine Marienkäfer, hatte den nächtlichen Regenguß unter einem schützenden Blatt verschlafen. Als er nun aufwachte, schien die Sonne herrlich warm, und er verspürte einen riesigen Appetit. Appetit hatte er eigentlich immer, vor allem auf zarte Blattläuse, und die gab es in diesem Sommer glücklicherweise reichlich.

Hinten im Garten wuchs ein hübscher Rosenstrauch, den wollte er heute früh ansteuern, denn gestern hatte er dort im Vorbeifliegen eine große Blattlauskolonie entdeckt.

Ganz erfüllt von dem Gedanken an ein gutes Frühstück, aber noch etwas taumelig vom Schlafen, flog er also los in Richtung Rosenbusch. Aber was war denn das? Seine Unterseite wurde ja plötzlich ganz naß! Erschrocken streckte Siebenpunkt seine sechs Beinchen aus, um sich irgendwo festzuklammern, aber da war nur Wasser, nichts als Wasser, und seine Beinchen fanden keinen Halt. Auch konnte er nicht mehr weiterfliegen. Das Wasser hielt ihn einfach fest, obgleich er seine Flügelbewegungen energisch verstärkte.

Erschöpft faltete er schließlich seine Flügel zusammen, zuerst die zwei häutigen und dann die beiden Deckflügel, die mit den schönen schwarzen Punkten. Bewegungslos lag er so in der Wasserpfütze. Leider ging nicht das kleinste Lüftchen, das ihn an den Rand der Wasserpfütze hätte treiben können. Auch seine dünnen Beinchen waren als Schwimmflossen oder Paddel ganz ungeeignet. Erstaunlich nur, daß er nicht unterging! Offenbar war er dazu zu leicht, vielleicht trugen ihn auch die feinen Luftröhrchen, die er an jeder Körperseite zum Atmen hatte. Jedenfalls lag er da wie ein kleines Luftkissenboot ohne Antrieb.

Plötzlich hörte er gleich hinter sich ein fürchterliches Schimpfen. Tabanida, die Bremse, war gleichfalls ins Wasser gefallen und machte nun alle Anstrengungen, in die Nähe von Siebenpunkt zu gelangen. Und schon spürte Siebenpunkt, wie er rücksichtslos tiefer ins Wasser gedrückt wurde und Tabanida auf seinen Rücken kletterte.

„Hilfe, ich ertrinke", rief er voll Angst.

„Unsinn", zischte die Bremse verächtlich, „so schnell geht man nicht unter! Breit, wie du bist, kann ich dich gut als Floß gebrauchen. Meine Flügel sind ganz naß – eklig diese Nässe! Die Sonne muß sie schnellstens trocknen. Zeit habe ich nämlich nicht."

Tatsächlich waren ihre beiden häutigen Flügel total durchnäßt und lagen wie angeklebt am Körper an, wodurch sie noch dünner als sonst wirkte.

Du liebe Zeit, dachte Siebenpunkt, wenn sie wenigstens nicht so trampeln würde! Das konnte ja nicht gutgehen! Schon fühlte er, wie das Wasser langsam in seine Atemröhrchen eindrang. Er flehte die Bremse an, doch ja ruhig zu sitzen.

Tabanida aber schaukelte den Marienkäfer rücksichtslos auf und nieder. Sie war eben eine rabiate Person, die auf nichts und niemanden Rücksicht nahm.

In diesem Augenblick kamen Arnika und ihre Mutter an der Pfütze vorbei. Arnika hatte das seltsame Paar entdeckt und rief: „Guck mal, Mama, was ist denn das für ein Tier?"

Die Mutter mußte erst genau hinsehen, bis sie die beiden Tiere auseinanderhalten konnte.

„Ich glaube", sagte sie, „das sind ein Marienkäfer und eine Fliege" – schnell aber wurde sie eines Besseren belehrt, denn die angebliche Fliege zischte gerade blitzschnell an ihr vorbei.

„Nein", rief die Mutter, „das ist ja eine Bremse!"

Tabanidas Flügel waren eben wieder trocken und gebrauchsfähig geworden, und sofort stürzte sie sich auf Arnikas Bein, das ihr mit seinem warmen Blut sehr begehrenswert erschien.

Schon durchdrang ihr scharfer Stechrüssel Arnikas Haut, und ein unangenehmer Schmerz ließ das kleine Mädchen aufschreien. Aus der Wunde trat ein kleiner Blutstropfen.

Genau darauf hatte Tabanida gewartet. Gerade wollte sie das Blut gierig aufnehmen, als Arnikas Mutter sie entdeckte und zu einem tüchtigen Schlag ausholte. Patsch, schon lag Tabanida regungslos auf dem Boden.

„Diese freche Bremse!" rief die Mutter und tröstete Arnika, die erschrocken auf ihr blutendes Bein starrte, das an der Stichstelle leicht anschwoll und ziemlich schmerzte.

„Kann sein, daß die Wunde noch ein Weilchen weh tun und jucken wird", meinte die Mutter, „aber diese Bremse wird bestimmt niemanden mehr stechen! Wo ist sie überhaupt? Gerade lag sie doch noch da – mausetot!"

Auch Arnika konnte kein totes Insekt entdecken.

Tatsächlich war Tabanida nur etwas benommen gewesen und hatte sich – kaum zu sich gekommen – eiligst davongemacht. Glaubte etwa jemand, ein Klaps könne eine Bremse umbringen? Darüber, allerdings, konnte Tabanida nur lachen!

Inzwischen war Arnika der kleine Marienkäfer wieder eingefallen, der noch immer hilflos in der Pfütze schwamm. Schnell pflückte sie ein Blatt und fischte damit Siebenpunkt aus dem Wasser.

Ach, wie froh war der kleine Käfer, als er trockenen Boden unter seinen Füßen spürte! Noch war er ganz naß, aber die Sonne würde ihn gewiß bald trocknen. Nein, ohne Arnikas Hilfe hätte er sich nicht retten können. So war das schlimme Abenteuer noch einmal gut ausgegangen.

Von Bremsen aber hielt Siebenpunkt seitdem gar nichts mehr!

# Gastropoda, die kleine Bänderschnecke

*Am liebsten hatte Gastropoda den Morgen, wenn der Tau noch in der Wiese und auf den Blättern lag.*

16

Die kleine Schnecke Gastropoda war in einem bunten Garten mit vielen schönen Blumen und Sträuchern zu Hause. Dort rutschte sie gemächlich auf ihrem Gleitfuß von einem Beet zum anderen, kletterte auch manchmal die Büsche rauf und runter – immer auf der Suche nach zarten, wohlschmeckenden Blättchen, die sie mit ihrer Raspelzunge anknabberte. Gastropoda gehörte zu den Bänderschnecken, die ein hübsches Schneckenhaus tragen, das durch schwarzbraune Bänder verziert ist. Diese Bänder drehen sich ganz gleichmäßig von der Öffnung des Schneckenhauses rechtsherum bis zur Spitze.

Gastropoda hatte es eigentlich nie eilig. Über die Tiere in ihrer Nachbarschaft konnte sie nur staunen. Die krabbelten und rannten, huschten und summten, daß sich Gastropoda oft fragte, wozu diese Hektik eigentlich gut sei. Nein, sie war auf langsam programmiert und ließ sich nicht leicht aus der Ruhe bringen. Nur, wenn ihr ein hastiger Käfer mal achtlos gegen die Fühler stieß oder gar ein Vogel frech an ihr Schneckenhaus pickte, dann zog sie schnell ihre Fühler ein. Sie fürchtete dabei vor allem für ihre kleinen kugeligen Augen, denn die saßen ganz vorn auf den Fühlern und waren sehr empfindlich. Ein, zwei Minuten später aber rollte sie ihre Fühler wieder aus, denn übertrieben ängstlich war sie nun auch wieder nicht.
Wurde ihr die Hektik zu dumm, verzog sie sich einfach in ihr Schneckenhaus, das sie ja ständig bei sich trug, verschloß die Öffnung mit Schleim und fühlte sich hinter dieser Tür ganz sicher.

Früher hatte Gastropoda das Schneckenhaus manchmal etwas lästig gefunden, es war auch nicht gerade leicht zu tragen, aber dann merkte sie doch, wie gut solch ein Häuschen für kleine Schnecken ist, und sie freute sich über ihr gutes Versteck.

Erst am Abend, wenn alle Tagtiere zur Ruhe kamen, kroch sie wieder hervor und futterte weiter, bis sie rundherum satt war.

Am liebsten hatte Gastropoda den Morgen, wenn der Tau noch in der Wiese und auf den Blättern lag. Dann glitt ihr kleiner Körper auf seinem weichen schleimigen Kriechfuß leicht dahin. Hinter sich ließ sie eine glitzernde Schleimspur, so daß jedermann sehen konnte, welchen Weg sie genommen hatte. Da Gastropoda viel leichter auf feuchtem Untergrund rutschen konnte, freute sie sich auch über jeden warmen Sommerregen. Wurde es dagegen an trockenen Tagen mittags unangenehm heiß, legte sie eine Ruhepause ein und zog sich zu einem geruhsamen Schläfchen ins eigene Haus zurück, schloß die Tür zu und war so vor Sonne und Hitze geschützt, die ihr sonst den kleinen Körper ausgetrocknet hätten.

Gastropoda war ein zufriedenes Schneckchen und fand, daß das Leben hier im Garten doch sehr schön sei – gut eingerichtet für kleine Schnecken. Selbstverständlich nahm sie auch an, daß jedermann sie gern habe.

Aber weit gefehlt! Da war zum Beispiel der Laufkäfer Carabus, der sich ständig über Gastropoda ärgerte: konnte diese Schnecke nicht einmal aus dem

Weg gehen, wenn er vorbei wollte? Wegen Gastropoda mußte er ständig Umwege laufen, Wo er doch dauernd in eiligen Geschäften unterwegs war!
Und dann die Ameisen: Sie fanden Gastropodas klebrige Schleimspur geradezu gefährlich.
„Man kann ja glatt darauf festkleben", meinten sie vorwurfsvoll.
Die flinken Vögel aber machte sie mit ihrer Gemütlichkeit einfach nervös. Gereizt riefen sie: „Teck, teck, teck!" Was soviel heißt wie: weg, weg, weg!

Eines Morgens, als Gastropoda friedlich ein zartes Blatt verzehrte, entdeckte sie der Gärtner, der für diesen Garten zuständig war. Leider liebte er Schnecken überhaupt nicht. Aus der Sicht eines Gärtners sind Schnecken nämlich Ungeziefer, die ihm seine sorgfältig gehüteten Pflanzen aufessen.
„Heh", rief er, „wir haben ja Schnecken im Garten! Das finde ich aber gar nicht gut. Ehe daraus eine Schneckenplage wird, werde ich morgen etwas dagegen unternehmen."
Wenn Gastropoda auch nicht wußte, was der Gärtner unternehmen wollte, so hatte sie doch das Bedrohliche in seiner Stimme gehört. Sie beschloß deshalb, vorsichtshalber den Garten zu verlassen. Sogleich schob sie sich mit ihrem kräftigen Gleitfuß in Richtung Gartentor. Von dort nämlich hatte sie schon seit längerem einen Duft wahrgenommen, der ihr recht verheißungsvoll erschien. Wenn sie nicht irrte, mußte dort eine Wiese sein – voller Blumen und Blätter – ein Ort also, wie für kleine Schnecken geschaffen.

Gut, daß ihr Fuß – wenn auch nicht schnell – so doch ausdauernd war, und so erreichte sie im späten Nachmittag das Gartentor. Der wundervolle Blumenduft kam immer näher. Sie hatte sich also nicht geirrt, die Wiese mußte hier ganz in der Nähe sein.

Aber was war denn das? Zwischen dem Tor und der Wiese lag ja eine breite Straße – unangenehm warm und scheußlich trocken von der Tageshitze – kaum begehbar für kleine Schnecken.

Während Gastropoda noch sorgenvoll ihre Fühler vorstreckte und an der Straßenkante hin- und herglitt, begann der Boden unter ihr plötzlich zu vibrieren, und ein schnell näher kommendes Geräusch erschreckte sie aufs äußerste. Das Ungetüm, das mit großer Geschwindigkeit an ihr vorbeirollte, war ein Auto. Gastropoda hatte in ihrem bisherigen Leben noch nie ein Auto gesehen, wohl aber hatte sie Geräusche von Autos aus der Ferne gehört, und der scheußliche Geruch kam ihr auch irgendwie bekannt vor.

Meine Güte, da sauste ja schon wieder ein Auto an ihr vorbei. Sollte das etwa so weitergehen? Da würde sie ja nie über die Straße kommen, selbst wenn sie einen Schneckeneilgang einlegte! Auch ihr Schneckenhaus erschien ihr nun nicht mehr stabil genug. Schrecklich, was sollte sie nur tun?

Hinter sich den Garten mit dem bedrohlichen Gärtner und vor sich die gefahrvolle Straße mit den Autos und der Hitze und der Trockenheit!

Gerade wollte Gastropoda ganz niedergeschlagen den Rückzug antreten – der Gärtner erschien ihr nun doch als das kleinere Übel, man konnte sich vielleicht vor ihm verstecken – da hörte sie, wie zwei kleine Mädchen auf sie zu traten. Es waren Arnika und ihre Freundin Sarah. „Sieh mal", rief Arnika, „was für eine niedliche Schnecke! Was die wohl hier am Straßenrand macht? Wenn sie über die Straße kriecht, wird sie von einem Auto überfahren. Wir müssen sie über die Straße tragen." „Ja", sagte Sarah, „drüben ist eine schöne Wiese, da kann ihr nichts passieren. Magst du denn eine Schnecke anfassen? Die ist doch glitschig. Sollen wir deine Oma holen? Die ekelt sich doch vor keinem Tier."

„Ach was", meinte Arnika mutig, „wenn wir die Schnecke an ihrem Häuschen anfassen, werden wir's wohl alleine schaffen."

Gastropoda hatte alles gehört, und um es den Kindern leicht zu machen, zog sie sich schnell in ihr Schneckenhaus zurück. Alles Glitschige war nun verschwunden, und übrig blieb das trockene Häuschen, das tatsächlich ganz leicht zu transportieren war.

Die Kinder trugen Gastropoda vorsichtig über die Straße und setzten sie mitten in die grüne Wiese. Sie freuten sich, als die kleine Schnecke bald darauf wieder aus ihrem Haus hervorkam, ihre Fühler vertrauensvoll ausrollte und ihre neue Heimat in Augenschein nahm. Nun, was Gastropoda sah und roch, war wirklich gut. Sie glitt weich und elastisch über die grünen Graspolster und hielt sogleich Ausschau nach leckeren Blättchen. Sie dachte: Arnika und Sarah sind wirklich zwei hilfsbereite kleine Mädchen.

Arnika und Sarah aber wünschten Gastropoda viel
Glück und waren froh, der kleinen Schnecke geholfen zu haben.

# Gerris, der Wasserläufer, und Dytiscus, der Gelbrandkäfer

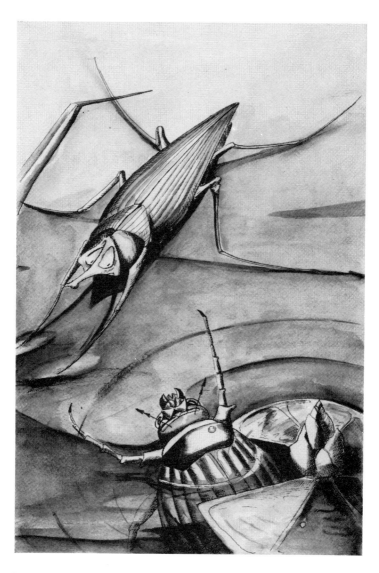

Gerris entdeckte den gefährlichen Gelbrandkäfer. Die schreckliche Nachricht verbreitete sich in Windeseile im Teich.

Gerris, der Wasserläufer, lebte mit seiner Familie im Uferbereich eines kleinen Teiches. Im flachen Wasser wuchsen Wasser- und Sumpfpflanzen, die den Wasserläufern Schutz gaben.

Mit erstaunlichem Tempo lief und hüpfte Gerris auf der Wasseroberfläche, so als wenn er festen Boden unter den Füßen gehabt hätte. Von seinen sechs Beinen waren die hinteren vier sehr lang und hielten den kleinen leichten Körper wie mit Stelzen über dem Wasser. Die mittleren Beine gebrauchte er als Ruder: ruck – zuck, und schon glitt er ein Stückchen weiter. Seine Füße drückten kleine Vertiefungen in die Wasseroberfläche. Schien die Sonne, so sah man diese Druckstellen als Schattenflecken auf dem Boden des Teiches. Jedermann konnte dann feststellen, wo sich Gerris gerade aufhielt.

Glücklicherweise gab es in diesem Gewässer keine Raubfische, die Appetit auf Wasserläufer gehabt hätten. Und so tummelten sich Gerris und seine Familie vergnügt und sorglos auf dem klaren Teich.

In einem Nachbarteich aber lebte Dytiscus, der Gelbrandkäfer. Er war ein außerordentlich gefräßiges Tier, lauerte allen kleineren Tieren des Teiches auf und fraß sie, wenn er sie erwischen konnte. Sogar Fische, größer als er selbst, waren vor ihm nicht sicher.

Nun hatte er wieder einmal einen Teich leergeräubert. Er beschloß deshalb, einen neuen ausfindig zu machen. Obgleich Dytiscus hauptsächlich unter Wasser lebte – er mußte nur zum Atmen manchmal an die Oberfläche kommen – konnte er doch gut fliegen. Er tauchte also auf, flog los und entdeckte

Gerris' Teich, der friedlich in der Abendsonne lag. Erfreut stellte er fest, daß dort kein anderer Gelbrandkäfer hauste, denn Konkurrenten hatte er nicht gern. Heißhungrig stürzte er sich auf die Wasserschnecken, die er als Beute besonders schätzte. Gierig schielte er sodann auf die sorglos vorbeiflitzenden Stichlinge. Fischchen dieser Art gehörten gleichfalls zu seinen Lieblingsspeisen, dann die Wasserasseln und Kaulquappen – alles leckere Happen – schade, daß er nicht alle auf einmal fressen konnte!

Gerris hatte den gefährlichen Räuber als erster entdeckt, denn dessen großer braunschwarzer Körper mit den gelben Rändern war genau vor ihm ins Wasser getaucht. Aber auch andere Tiere hatten die Gefahr bald erkannt. Die schreckliche Nachricht verbreitete sich mit großer Geschwindigkeit. Jeder überlegte, wie er sich vor diesem Unhold verbergen könnte. Die einen wollten sich im Gewirr der Wasserpflanzen verstekken, die anderen hofften, daß sie im mulmigen Boden nicht gefunden würden. Die Frösche beschlossen, sich ans flache Ufer zurückzuziehen oder sogar an Land zu gehen. Nur die flinkeren Tiere, besonders die Fische, setzten auf ihre Fixigkeit.

Gerris und seine Familie waren zwar etwas weniger gefährdet, da sie ja nicht unmittelbar im Wasser lebten. Aber wer läßt sich schon gern ein Bein ausreißen?! Diese Gefahr bestand allemal, denn das Wasser in den Buchten war sehr klar und durchsichtig.

Zu allem Unglück schien auch noch seit Tagen die Sonne, so daß der Räuber seine Opfer bestens beobachten konnte.

Gerris, der sonst gern auf freier Wasserfläche sonnenbadete, zog sich nun ängstlich in das Schilf zurück, denn die Schattenflecken seiner Füße waren sehr verräterisch. Sorgenvoll sah er auf seine sechs Beine und fand, daß er keines übrig hatte.

Auch seine Familie flüchtete eiligst in das Dickicht der Uferpflanzen und sah mit Schrecken von oben, wie Dytiscus unter den Teichbewohnern wütete. Kein Versteck schien sicher genug, eines nach dem andern spürte er auf, und auch im Schwimmen und Tauchen war er so gewandt, daß ihm selbst die Stichlinge nicht entwischten.

Nur die Tiere, die an Land flüchten konnten, entgingen seiner Freßgier. Außerhalb des Wassers war Dytiscus nämlich äußerst unbeholfen. Seine kräftigen, sonst so flinken Schwimmbeine wirkten hier lächerlich ungelenk. Das langsamste Insekt wäre vor ihm sicher gewesen! Er machte deshalb auch gar keinen Versuch, seine Opfer bis aufs Land zu verfolgen.

Aber im Wasser, da entging ihm keiner! In seiner Freßgier wurde er eigentlich nur noch von einem Tier übertroffen – und das war er selbst – ja, er selbst – und zwar in seinem Jugendzustand, als Larve! Tatsächlich ist die Larve des Gelbrandkäfers so gefräßig, daß sie am liebsten auch noch den ausgewachsenen Gelbrandkäfer fressen würde.

Als Dytiscus schließlich feststellte, daß auch in diesem Teich das Futter knapp wurde, beschloß er, erneut weiterzufliegen – jedoch nicht, ohne vorher noch zwei Wasserläufer in die Tiefe gezogen zu haben. Diese hatten sich leichtsinnig – vielleicht auch zu neugierig – aus ihrem Versteck hervorgewagt. Entsetzt sprangen Gerris und die anderen Wasserläufer noch tiefer ins Schilfdickicht zurück.

Kurz darauf kamen drei Kinder an den Teich. „Komisch", rief Arnika ihren Freundinnen Ricarda und Nora zu, „im vorigen Jahr waren hier doch so viele Schnecken! Wo die nur geblieben sind?" „Und wo sind die Stichlinge, die du uns versprochen hast?" fragten die Freundinnen vorwurfsvoll. Nicht mal Wasserläufer waren zu sehen. „Hier gibt's wohl überhaupt keine Tiere!"

Enttäuscht zogen die Kinder wieder ab und merkten nicht, daß über ihren Köpfen ein großer, dunkler Käfer flog, der zielstrebig und hungrig ein neues Gewässer suchte, ein Gewässer, in dem er sein Räuberdasein weiterführen konnte.

# Bufo, die Erdkröte

*Bufo verschwand mit ihrem „Huckepack-Reiter" im Ufer-*
*schlamm und legte bereitwillig zwei wunderschöne Laich-*
*schnüre.*

Bufo, die braune Erdkröte, lebte schon seit einigen Jahren in einem schönen Garten, der zu dem Haus gehörte, in dem Arnika mit ihrer Familie wohnte. Sie hatte sich unter dem Kaminholz, das an einer Mauer aufgestapelt war, im lockeren Boden ein Versteck geschaufelt. Hier saß sie tagsüber – nicht zu feucht und nicht zu trocken – vor Nässe und Sonne geschützt, und erst am Abend ging sie auf Beutesuche.

Wirklich, Bufo hätte keine günstiger gelegene Wohnung finden können, denn in dem Holzstoß lebten so viele Insekten, Spinnen und anderes Kleingetier, daß sie nicht lange nach Nahrung suchen mußte. Hatte sie ein Beutetier entdeckt, so schnellte ihre klebrige Zunge blitzschnell vor, und – schwups – war das Opfer in ihrem breiten Krötenmund verschwunden. Bei etwas sperrigen Happen half sie geschickt mit ihren Händen nach.

Bufo entfernte sich nie weit von ihrem Schlupfwinkel, und auch den Winter überlebte sie unter dem Holzstoß in einem etwas tiefer gebuddelten Versteck.

Nun schien die warme Frühlingssonne, und Bufo hatte soeben ihr Winterquartier verlassen. Ihre goldglänzenden Augen blickten unternehmungslustig umher. Noch hatte sie nichts gefressen, aber schon überkam sie eine eigenartige Wanderlust. Es zog sie mit Macht zu einem bestimmten Teich, der etwa fünfhundert Meter entfernt lag. In diesem Teich war sie als Kaulquappe herangewachsen. Sie hatte das Wasser als junge, winzige Kröte verlassen, um sich dann auf die Suche nach einem Dauerwohnplatz zu machen. Dabei war sie auf den Garten mit dem

Holzstapel gestoßen und hatte sich dort häuslich eingerichtet.

Heute nun stellte sie zufrieden fest, daß auch andere Kröten auf der Wanderschaft waren und offensichtlich das gleiche Ziel hatten. Wie in jedem Jahr herrschte am Teichufer ein ziemliches Gewimmel. Wohin man blickte – überall Erdkröten, große und kleinere.

Besonders die Erdkrötenmännchen machten wie immer einen schrecklichen Aufstand. Sie waren etwas kleiner als die Weibchen – aber deutlich in der Überzahl. Sie schubsten und drängelten sich ungeduldig, um ein Krötenweibchen zu erobern. Dazu mußten sie den Rücken eines Weibchens erklimmen und sich dort festklammern. In dem allgemeinen Durcheinander kletterten sie oft irrtümlich auf den Rücken eines anderen Männchens, das sich dann durch empörte Bellaute zur Wehr setzte.

Ja, selbst Steine und Holzstückchen wurden probeweise umklammert. Sie mußten nur so ähnlich wie ein Krötenrücken aussehen.

Bufo kannte den Rummel schon von früheren Jahren und war froh, als es einem Krötenmännchen endlich gelungen war, sich auf ihrem breiten, rubbeligen Rücken festen Halt zu verschaffen. Schnell verschwand sie mit ihrem „Huckepack-Reiter" im Uferschlamm und war so vor weiteren Rempeleien sicher.

Nachdem sich die beiden Kröten ein wenig verschnauft hatten, legte Bufo bereitwillig zwei wunderschöne lange Laichschnüre mit vielen Eiern, die sich im Gewirr der Wasserpflanzen festsetzten. Das Erdkrötenmännchen gab seinen Samen dazu, und damit hatten die Kröteneltern ihre Pflicht getan. Alles weitere überließen sie der Frühlingssonne und dem wärmer werdenden Teichwasser.

Sie trennten sich und machten sich zufrieden auf den Heimweg.

Es war schon erstaunlich, daß sie ihren angestammten Wohnplatz ohne alle Schwierigkeiten wiederfanden. Bufo hatte es glücklicherweise nicht weit. Ihr Weg führte durch ein kleines Wäldchen und eine größere Kuhweide. Gefährdeter waren da schon die Kröten, die eine Straße überqueren mußten. Bei ihrer krabbelnden, recht langsamen Gehweise wurden viele von ihnen von Autos überfahren. Kaum zu Hause angekommen, verspürte Bufo einen gewaltigen Appetit. Mit Heißhunger machte sie sich über die Beutetiere her, die es in der Nähe des Holzstoßes in Hülle und Fülle gab. Gesättigt zog sie sich dann in ihr Versteck zurück und verbat sich jede weitere Unruhe.

Nach dieser anstrengenden Frühjahrstour, meinte sie, solle doch bitte niemand mehr ihre wohlverdiente Ruhe stören!

Arnika hatte den Schlupfwinkel der Erdkröte früher nie bemerkt. In diesem Jahr aber fiel ihr auf, daß ihr kleiner Hund öfter zu dem Holzstoß lief und dort herumschnüffelte. Sie wurde neugierig und untersuchte die Schnüffelstelle, fand aber nichts.

Bufo hatte sich, als sie das kleine Mädchen kommen hörte, eilig tiefer ins Holz zurückgezogen, so daß nichts mehr von ihr zu sehen war. Nein, es war nicht nötig, daß Arnika sie entdeckte, man wußte ja nie, was Menschen sich so einfallen ließen! Den Hund allerdings fürchtete sie gar nicht. Der hatte nämlich eine gute Nase und hatte sicher längst bemerkt, daß Bufo einen unangenehm riechenden Schleim absondern konnte, der die Augen reizt. Die Drüsen, die diesen Schleim abgaben, trug sie als kleine Pakete hinter den Augen. Sie konnte sie bei Gefahr entleeren. Bufo wußte wohl, daß sie deshalb kaum Feinde hatte. Sie roch und schmeckte eben für andere nicht besonders gut! Selbst wenn ein Dummer mal nach ihr schnappte, spuckte er sie schnellstens wieder aus, denn sein Mund tat ihm dann bestimmt höllisch weh! Bestens, fand Bufo, sollten die Tiere nur alle Angst vor ihr haben! Aber Menschen waren so unberechenbar, und Menschen wußten so wenig – besonders über Tiere!

Das Frühjahr ging dahin, bis eines Tages Arnikas Mutter beschloß, das Kaminholz an einer anderen Stelle zu lagern, da es trockener liegen sollte. Beunruhigt hörte Bufo das Gerumpel über sich. Ein Holzscheit nach dem andern wurde abgetragen, bis schließlich das letzte Stück Holz verschwand. Erstarrt vor Schrecken lag Bufo ganz still in ihrem flachen Erdloch. Noch hoffte sie, von niemandem entdeckt zu werden.
Aber schon hatte Arnikas Hund sie bemerkt und machte durch Winseln und Scharren auf Bufos Versteck aufmerksam.
„Guck mal", rief Arnika ihrer Freundin Sarah zu, „was für ein komisches Tier! Diese rubbelige, ausge-

trocknete Haut! Ob das wohl ein alter, vergammelter Frosch ist? Lebt der überhaupt?"

„Klar", sagte Sarah, „sieh doch die Augen, die gukken doch ganz lebendig."

Eben war Bufo aus ihrer Schreckstarre wieder aufgewacht und stellte sich nun hochbeinig auf ihre Füßchen. Sie tat dies, um größer zu wirken. Allerdings hatte sie in diesem Fall wenig Hoffnung, die Kinder durch ihre Drohstellung zu erschrecken. Und tatsächlich, die Kinder hatten keine Angst, sondern im Gegenteil nur Mitleid mit dem scheinbar vertrockneten Frosch. Sie beschlossen, ihn zu retten.

„Schnell, wir wollen ihn zum Teich ins Wasser bringen, sicher hat er sich nur in unseren Garten verlaufen!"

Die Kinder legten Bufo vorsichtig in eine Plastikschüssel, die sie hoch mit Wasser füllten.

„Wie trocken sich der arme Frosch anfühlt", meinten sie besorgt, „wenn das nur nicht zu spät ist!" Sie wußten wohl, daß ein Frosch Feuchtigkeit zum Leben braucht und leicht austrocknet.

Derweil schwamm Bufo verstört und angstvoll im Wasser herum, das heftig schaukelte und Wellen warf. Endlich hatten die Kinder den Teich erreicht und legten das Tierchen vorsichtig ins flache Wasser. Bufo, die ganz gut schwimmen konnte, paddelte, so schnell sie konnte, in tieferes Wasser. Sie war heilfroh den Rettungsversuchen der kleinen Mädchen entkommen zu sein. Sie tauchte an einer anderen Stelle wieder auf und versteckte sich zwischen den Uferpflanzen.

„Siehst du", rief Arnika erleichtert, „er kann noch schwimmen, der arme Frosch, gut, daß wir ihn in seinen Teich gebracht haben!"
Auch Sarah nahm an, daß sie dem Tierchen in letzter Minute geholfen hätten. Zufrieden traten die beiden Kinder den Heimweg an. Arnika und Sarah waren ja noch kleine Mädchen, die den Unterschied zwischen einem Frosch und einer Kröte nicht kannten und nicht wußten, daß eine Kröte ganz gut ohne Wasser auskommt. Ob sie wohl ihren Irrtum später einmal bemerken würden?!

Bufo jedenfalls suchte sich jetzt lieber eine Wohnung im nahen Wäldchen. Hier, unter einem alten Baumstumpf, fühlte sie sich sicher, sicher vor allem vor den Menschen, die ihr ja schon immer etwas seltsam vorgekommen waren, und denen man als Kröte wohl besser aus dem Weg ging!

# Asteris, der kleine Seestern

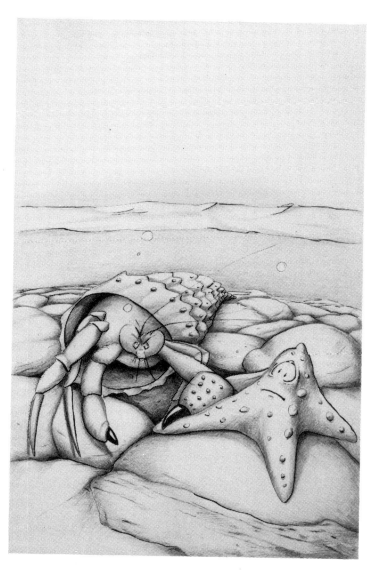

Der kleine Seestern kam dem jähzornigen Einsiedlerkrebs
ein kleines bißchen zu nahe – und wurde prompt gekniffen.

Der kleine Asteris lebte vergnügt mit seinen vielen Geschwistern in der großen Nordsee. Asteris war ein niedlicher kleiner Seestern mit fünf kräftigen Ärmchen. Er war nicht größer als ein Kinderhändchen. Asteris wußte gar nicht, daß es außer dem schönen kühlen Meerwasser, in dem er lebte, noch etwas anderes gab – nämlich das, was die Menschen „Land" nennen. Schon gar nicht hatte ihm jemand gesagt, daß er sich in acht nehmen müsse, zu nahe an dieses Land heranzukommen.

Auch vor der Sonne war er nicht gewarnt worden. So lief er ganz fröhlich und sorglos auf dem Meeresboden herum, bis er eines Tages plötzlich von einer großen Welle erfaßt und ans Land gespült wurde. Glücklicherweise landete Asteris nicht auf dem sandigen Strand – dort wäre sein kleiner Körper schnell ausgetrocknet – sondern auf einer sogenannten Buhne, einem Steinweg, der etwas ins Meer hineinragt.

Dort lag er nun, gefangen in einer mit Wasser gefüllten Spalte zwischen großen algenüberzogenen Steinen. Seine Ärmchen taten ihm weh, denn er war hart aufgeschlagen. Im weichen Meerwasser hatte ihm nie ein Arm weh getan, und darum versuchte er, so schnell wie möglich zurück ins große Wasser zu gelangen. Aber leider – Asteris konnte sich nicht wieder aus der Spalte befreien.

Da sagte eine zarte Stimme neben ihm: „Vorsicht bitte, du trittst mir ja in meine Nesselfäden. Zappel nicht so, sie brechen mir sonst ab."

Das war die Seenelke, die dort fest auf ihrem Stiel saß und erschrocken ihre feinen Nesselfäden einzog.

Asteris – in seiner Angst – hatte das hübsche, zarte Pflanzentierchen gar nicht bemerkt. Schnell bewegte er sich etwas zur Seite. Leider aber war er dabei dem Einsiedlerkrebs, der ebenfalls in der Spalte lebte, zu nahe gekommen.

Dieser etwas jähzornige Geselle packte sich sogleich eines von Asteris' Ärmchen und kniff schmerzhaft mit seinen kräftigen Zangen zu.

„Au", rief Asteris, „laß los, ich wollte dich ja gar nicht stören!"

„Hast du aber", brummte der Krebs und zog sich verärgert in sein Schneckenhaus zurück. Er hatte dort reichlich Platz, denn er war erst kürzlich in diese geräumige Wohnung umgezogen, nachdem ihm mit zunehmender Leibesfülle das alte Schnekkenhaus zu klein geworden war.

„Ach bitte", rief Klein-Asteris, „wie komme ich denn von hier wieder in das große Meer? Es ist ja alles so eng hier."

„Finde ich zwar nicht", meinte die kleine Seenelke, „ich lebe hier sehr glücklich, und das schon seit langer Zeit, aber wenn ich dir raten darf, höre erst einmal auf zu hampeln und zu jammern. Die Möwen, die über uns fliegen, werden sonst auf dich aufmerksam. Sie haben scharfe Augen und essen gern Seesterne, besonders so kleine, wie du einer bist."

„Hilfe", rief Asteris, „auch das noch", und blickte erschrocken nach oben. Tatsächlich segelte dort über ihm ein großer weißer Vogel mit einem riesigen hellen Schnabel und blitzenden gelben Augen.

Es fiel Asteris nicht leicht, alle fünf Ärmchen still zu halten, aber was kann man nicht alles, wenn man unbedingt muß.

40

„Wir haben jetzt Ebbe", sagte die Seenelke, „das Meer zieht sich vom Land zurück. Die Sonne scheint heute nicht besonders heiß, darum wird unsere Wasserspalte wohl nicht austrocknen. Du kannst also ruhig etwas schlafen. In einigen Stunden kommt das Meerwasser zurück und überspült unsere Buhne. Das nennen wir Flut. Du mußt aufpassen, daß du dann mit dem Wasser wieder ins Meer zurückgespült wirst."

Asteris hatte noch nie etwas von Ebbe und Flut gehört, aber er war heilfroh, daß es so etwas gab. Wer hätte ihm sonst wohl geholfen, aus der winzigen Spalte wieder herauszukommen?

Bereitwillig legte er sich in ein geschütztes Eckchen, hielt seine Ärmchen still und hoffte, daß die Flut mit ihrem vielen Wasser bald kommen und ihn befreien würde.


Da kam plötzlich ein kleines Mädchen gelaufen. Es hatte ein Eimerchen und eine Schippe in der Hand und rief: „Oh, Mama, sieh mal, ich habe einen kleinen Seestern gefunden!" Und schon griff es nach Asteris und zog ihn aus seinem Versteck hervor. „Wie niedlich der ist! Ich will ihn mit nach Hause nehmen."

Asteris war ganz starr vor Schrecken und lag regungslos in der Kinderhand. Gerade wollte das Mädchen Asteris in sein Eimerchen legen, da sagte die Mutter: „Hör mal, Arnika, du solltest den Seestern lieber wieder ins Wasser zurückwerfen. Wenn der kleine Seestern kein salziges Meerwasser mehr hat, wird er austrocknen und sterben. Zu Hause haben wir aber kein Meerwasser, du willst doch sicher nicht, daß der Kleine sterben muß?"

Nein, das wollte Arnika natürlich nicht.

„Sieh ihn dir noch einmal gut an. Bei uns kann er sich nicht wohl fühlen."

Arnika zögerte noch einen Augenblick, aber dann warf sie den kleinen Seestern ins Meer zurück.

Wie froh Asteris war! Die Wellen trugen ihn fort vom Land und seinen Gefahren. Da hatte er ja wirklich noch einmal Glück gehabt!

# Armadil, die Rollassel
# und Lacerta, die Eidechse

*Lacerta sonnte sich, als wäre nichts geschehen, dabei war sie nur knapp den zänkischen Elstern entwischt.*

Arnika hatte sich den ganzen Vormittag in den Stallungen eines alten Bauernhauses aufgehalten und saß nun in der warmen Mittagssonne etwas gelangweilt auf einem verfallenen Mäuerchen, das den kleinen Bauerngarten von der angrenzenden Weide abtrennte. Sie sah einer kleinen Assel zu, die geschäftig über die warmen Mauersteine eilte, so als verfolge sie ein bestimmtes Ziel. Anscheinend hatte das Tierchen keine Angst, denn es lief ganz ohne Deckung im hellen Sonnenschein.

Neugierig griff Arnika nach der Assel und war ziemlich verdutzt, als sie statt eines Krabbeltieres ein Kügelchen in der Hand hielt – tatsächlich, ein glänzendes, braunes Kügelchen, das in Arnikas Hand lustig hin und her kullerte.

Das war ja komisch! Arnika legte die winzige Kugel vorsichtig auf die Mauersteine zurück und sah mit Staunen, wie sich kurz darauf das scheinbar leblose Kügelchen flach ausrollte und höchst lebendig seinen Weg fortsetzte.

Es war Armadil, die kleine Rollassel, die am Tage gern ins Freie kam und wohl wußte, daß ihr Rolltrick ein wirkungsvoller Schutz vor Feinden war. Welcher Freßfeind will schon, wenn er es auf ein saftiges, bewegliches Krabbeltier abgesehen hat, ein lebloses hartes Kügelchen fressen? Viele Tiere merkten nicht einmal, daß sich die Assel blitzschnell in eine Kugel verwandelt hatte, sie glaubten vielmehr, die Beute sei ihnen entwischt. Kein Wunder also, daß Armadil keine Furcht kannte und ganz offen umherspazierte.

Gerade überlegte Arnika, ob wohl alle Tiere auf den Trick der Assel hereinfallen würden, als sie ein fürchterliches Vogelgezeter hörte. Zwei Elstern zankten sich in der Luft um irgend etwas und machten dabei einen Höllenlärm. In diesem Augenblick sah Arnika, wie ein kleines grünbraunes Tier vor ihre Füße fiel und blitzschnell in einer Mauerspalte verschwand.

Es war Lacerta, die Zauneidechse, die von Glück sagen konnte, der Gefahr in letzter Sekunde entronnen zu sein. Eben hatte sie noch wohlig in der Sonne gelegen, die Augen ein wenig geschlossen, als sie sich auch schon gepackt und in die Höhe gehoben fühlte. Alles war so schnell gegangen, daß sie gar nicht wußte, wie ihr geschah. In dem Moment schoß zeternd die zweite Elster herbei und versuchte, der ersten die Beute abzujagen. Und tatsächlich, die erste Elster ließ los, und Lacerta fiel unsanft zu Boden. Sie zögerte keinen Augenblick, sich in Sicherheit zu bringen.

Leider war Lacerta bei dem Abenteuer nicht ganz ungeschoren davongekommen. Schreckerfüllt hatte sie nämlich in der Luft ihren schönen langen Schwanz abgeworfen. Eidechsen wollen damit ihre Verfolger ablenken. Diese stürzen sich oft auf den abgetrennten Schwanz, der sich noch längere Zeit bewegt, und die Eidechsen selbst können sich retten.

Hier aber hatte der Trick natürlich nichts genützt. Das zappelnde Schwänzchen lag nun nutzlos irgendwo im Gebüsch und ließ sich leider nicht wieder ansetzen. Aber – Schwänzchen hin, Schwänzchen her – Lacerta war froh, daß sie noch lebte. Außerdem wußte sie, daß ihr Schwanz nach einiger Zeit nachwachsen würde – wenn auch nicht ganz so lang und nicht so elegant. Die Bruchstelle tat ihr glücklicherweise nicht weh. Der Schwanz war nämlich an dieser

Stelle leicht auszuklinken – eine Schutzvorrichtung für den Notfall.

Nun wäre es gut gewesen, wenn auch Arnika von dieser Vorrichtung gewußt hätte. So aber tat ihr die Eidechse schrecklich leid, und sie nahm sich vor, am nächsten Tag mit ihrer kleinen Schwester Katharina nach dem armen Tierchen zu suchen, denn auch Katharina wollte einmal eine Eidechse ohne Schwänzchen sehen.

Nun, die Kinder brauchten nicht lange zu suchen. Lacerta lag schon wieder auf der warmen Mauer und sonnte sich, so als wäre nichts geschehen.

Sie hielt allerdings diesmal die kleinen Augen offen – sollte sie doch etwas dazugelernt haben?

# Lumbricus, der Regenwurm

*Lumbricus stieß beim Buddeln auf einen großen Tunnel.*
*Vorsicht! Gehörte der etwa diesem gefräßigen Maulwurf?*

Der ständige Regen in diesem Sommer hatte Lumbricus, dem Regenwurm, viele Aufregungen gebracht. Er wußte tatsächlich nicht, warum er eigentlich Regenwurm hieß, da er doch nichts so haßte wie anhaltenden Regen.

Gewiß, ein kleiner warmer Regenschauer, der war natürlich in Ordnung, ja erfrischend, aber dieser schreckliche Dauerregen, der den Boden ganz durchnäßte, der konnte für ihn geradezu lebensgefährlich werden.

Auch gestern hatte es wieder einmal so geschüttet, daß er seine Wohnröhren in der Erde fluchtartig verlassen mußte. Durch die fürchterliche Bodennässe war er in Atemnot geraten, und er mußte auftauchen, obgleich dieses Auftauchen am hellichten Tag sehr gefährlich war. Oben nämlich warteten – wie er aus Erfahrung wußte – freßgierige Amseln, Drosseln und Stare. Diese schwarzbraunen Vögel fraßen nichts lieber als Regenwürmer.

Gestern erst war Lumbricus einem dieser gefährlichen Burschen gerade noch entkommen. Vorsichtig hatte er den Kopf aus seiner Wohnröhre gesteckt – nicht weit, glücklicherweise –, als er auch schon das Getrippel von Vogelfüßen bemerkte. Und was das bedeutete, wußte er ganz genau! Blitzschnell zog er sich zurück und wagte sich nicht wieder vor.

Einen seiner Freunde aber, der weniger vorsichtig gewesen war, hatte die Amsel erwischt. Sie hatte ihn rücksichtslos aus dem Erdboden gezerrt und vollkommen hinuntergeschlungen. Dabei war sein Freund ein großer, ausgewachsener Wurm gewesen!

Schlimm erging es auch einem anderen Regenwurm-Bekannten. Als der gefährliche Vogel ihn entdeckt hatte und angeschossen kam, wollte der Wurm noch schnell in seiner Wohnröhre verschwinden. Leider gelang ihm dies nur zum Teil. Das Vorderende seines Körpers steckte in der schützenden Röhre und hielt sich verzweifelt mit sämtlichen Körperborsten fest, derweil die Amsel sein Hinterende gepackt hielt und solange zerrte und zog, bis sie ein Stück seines Hinterleibs abgerissen hatte. Gräßlich! Die Unglücksstelle roch noch jetzt nach dem Schreckstoff, den der Arme in seiner Angst ausgeschieden hatte.

Nun ist es zwar so, daß das Hinterende eines Regenwurms nach einiger Zeit wieder nachwächst, aber nur, wenn sich die Wunde nicht entzündet und auch nur, wenn das abgerissene Stück nicht zu groß ist. Der arme Wurm muß während der Heilung lange still liegen und kann nichts fressen. Wie leicht wird er dabei Opfer eines neuen Räubers!

Nein, Lumbricus blieb lieber, wo er war – in der Erde! Er kroch erst am späten Abend, als er ganz sicher war, daß alle Vögel ihre Schlafplätze aufgesucht hatten, aus seinem Versteck und erholte sich von all den Aufregungen.

Der Regen hatte noch immer nicht aufgehört, und die scheußliche Nässe machte ihm ernsthaft Sorgen. Der Rasen, unter dem er wohnte, war so durchgeweicht, daß an eine Rückkehr in seine Wohnröhren gar nicht zu denken war. Lumbricus beschloß daher, sich auf die Suche nach einem neuen Wohngebiet zu machen. Unter den Nadelbäumen, die ganz in der Nähe standen, sah es zwar trocken aus, aber Lumbricus mochte keine Nadelbäume. Nein, da waren ihm die Birken und Pappeln im Garten schon lieber. Noch besser aber gefiel ihm eine Gruppe von Obstbäumen, die auch nicht allzu entfernt stand. Hier konnte er später herabfallende, wohlschmeckende Blätter einsammeln und als Leckereien in seine Wohnröhren ziehen. Er entschloß sich also für die Wohngegend unter den Obstbäumen und stellte zufrieden fest, daß der Boden dort recht trocken war. Die Bäume hielten mit ihren Blättern doch wirklich viel Regen ab!

Da Lumbricus ein sehr fleißiges Tier war, machte er sich sogleich an die Arbeit. Er legte neue Wohnröhren an und kehrte bei seiner Buddelei gewissermaßen das Unterste zuoberst. Seine Gänge führten mehrere Meter tief in den Boden und waren stabil gebaut. Als Tapete verwendete er seinen eigenen Kot, den er mit Schleim verkleisterte und an die Wände klebte.

Nicht zu schwerer Lehmboden war ihm am angenehmsten, denn mit Sand läßt sich bekanntlich nicht dauerhaft bauen. Da er die Buddelei liebte, machte ihm die Schwerstarbeit gar nichts aus. Er war ein kräftiger Bursche, der entsprechend viel Hunger hatte. Normalerweise fraß er einfach Erde, denn in der Erde steckte so allerlei Leckeres und Nahrhaftes. Nicht jeder Boden schmeckte ihm gleich gut, und er konnte auch nicht alles gebrauchen, was durch seinen Magen und Darm wanderte. Bei der großen Menge aber, die er futterte, fand sich immer einiges, was ihm gut bekam.

Gerade dachte Lumbricus, wie schön er es doch unter den Obstbäumen getroffen habe, als er plötzlich auf einen großen Tunnel stieß, der offensichtlich zu der Wohnung eines größeren Tieres gehörte. Sollte das etwa der Wohnbereich des Maulwurfs sein, dieses gefährlichen Räubers, der gleichfalls in der Erde lebt und dort ein riesiges Tunnelsystem anlegt? Glücklicherweise war er in all den Jahren noch nie einem Maulwurf begegnet, hatte aber gehört, daß dieser Unruhestifter erst kürzlich in den Garten hier eingewandert war. Man erzählte sich von ihm wahre Gruselgeschichten; nicht nur, daß er mit Vorliebe Regenwürmer fraß, nein, er hatte sogar eine Regenwurm-Vorratskammer angelegt, wie es hieß. Dem Opfer wurde das Vorderteil abgebissen und der übrige Wurm hilflos und bei lebendigem Leibe auf Vorrat gelegt. Entsetzlich, dieser Gedanke! Lumbricus durfte gar nicht darüber nachdenken.

Und wirklich, es roch in dem Tunnel noch nach dem Angstduft der Opfer. Zwar war von dem Maulwurf im Moment nichts zu bemerken, aber Lumbricus wußte, daß dieses Tier mit unglaublicher Geschwindigkeit durch seine Jagdröhren flitzen kann und außerordentlich gefräßig ist. Lumbricus verhielt sich deshalb vorsichtig und abwartend.

Tatsächlich hatte der Maulwurf längst die Wühlarbeiten von Lumbricus bemerkt und freute sich schon auf die leckere Regenwurm-Mahlzeit. Gleich, so hoffte er, würde der Regenwurm auf seine Jagdröhre stoßen und ahnungslos auf die gegenüberliegende Seite kriechen wollen. Nun, er hatte nicht an Lumbricus' Vorsicht gedacht, der ja längst die

Gefahr erkannt hatte. Gerade als der ungeduldige Maulwurf vorschoß, um seine Beute zu packen, schnellte Lumbricus zurück und entging so dem gefräßigen Tier. Gut, daß sich die Leibesringe von Lumbricus blitzschnell zusammenziehen ließen, wodurch er schnell merklich kürzer wurde. Zeit zu einem geordneten kriechenden Rückzug blieb ihm nämlich nicht!

Gierig schnüffelte der Maulwurf an Lumbricus' Wohnröhre – aber vergeblich! Schließlich zog er sich verärgert zurück. Wie konnte ihm nur ein so fetter Happen entgehen – wirklich zu ärgerlich!

Lumbricus war durch dieses Erlebnis noch vorsichtiger geworden. Er achtete grundsätzlich auf jedes Gekrabbel, denn nicht nur Maulwürfe, auch andere Tiere, die im Erdboden leben, hatten es auf ihn abgesehen – so zum Beispiel Käferlarven und Hundertfüßer.

Für alle war er eine wohlschmeckende Beute, leicht zu überwältigen, da er keine Verteidigungswaffe besaß. Auch gehörte er ja nicht gerade zu den schnellsten Tieren. So blieb ihm nichts anderes übrig, als gut aufzupassen und bei Gefahr rechtzeitig Reißaus zu nehmen.

Manchmal spürte er über sich ein kräftiges Getrappel, vor dem er allerdings keine Angst hatte. Er wußte inzwischen, daß das Menschenkinder waren, die herumrannten und spielten. Meistens ahnten diese Kinder nicht einmal etwas von seiner buddelnden unterirdischen Arbeit.

Als unerfahrenes Jungwürmchen hatte er einmal Bekanntschaft mit diesen Kindern gemacht. Damals war er ans Tageslicht gekrochen und so von dem ungewohnten Licht verwirrt gewesen, daß er erst zu spät merkte, in welche Gefahr er sich begeben hatte. Arnika, das größere Mädchen, hatte ihn aufgehoben, dann aber schnell wieder fallenlassen. Das zappelnde Würmchen, das in ihrer Hand kitzelte und sich komisch naß anfühlte, war ihr unbehaglich gewesen. Auch die beiden kleineren Kinder, Katharina und Andreas, trauten sich nicht, nähere Bekanntschaft mit Lumbricus zu machen. Wenn schon Arnika, die Große, den Regenwurm nicht halten mochte, wollten es die Kleinen erst recht nicht. Nun, auch Lumbricus hatte sich in der heißen, trockenen Kinderhand nicht wohl gefühlt. Er war heilfroh, als er wieder kühlen, feuchten Boden unter sich fühlte. So schnell wie möglich kroch er zurück in die Erde und nahm sich vor, nie wieder unvorsichtig zu sein.

Immerhin hatte er aber gemerkt, daß Menschenkinder nichts Böses mit ihm vorhatten – zumindest nicht die Kinder, die in diesem Garten spielten. Er ließ sie daher ruhig rennen und springen, buddelte beruhigt weiter und dachte, wie schön müßte es doch sein, wenn alles Getrappel so harmlos und ungefährlich wäre wie dieses!

# Emilie, die Fliege

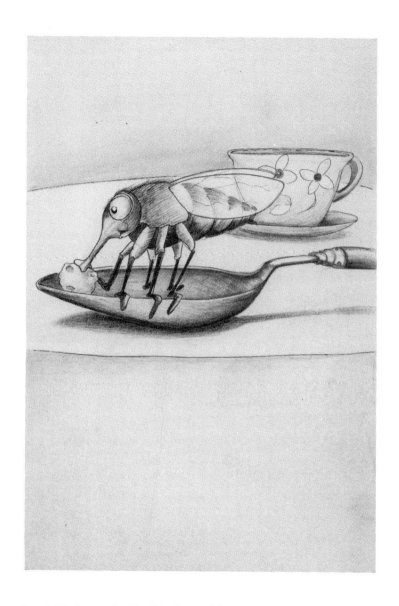

*Genüßlich tupfte Emilie ihren kleinen Saugrüssel in das süße Krümelchen. Wie das schmeckte! Herrlich!*

58

Es war Winter geworden, und alle Tiere, die nur in der Wärme des Sommers leben können, hatten sich in ihre Schlupfwinkel verkrochen oder waren gestorben. Zu diesen Tieren gehören auch die Stubenfliegen. Aber einer Fliege war es gelungen, kurz vor den kalten Wintertagen in eine warme Stadtwohnung zu fliegen, und sie hatte zudem noch das Glück, daß hier eine Familie wohnte, die auch Fliegen nichts zuleide tun mochte. Im Gegenteil, Arnika, das kleine Mädchen dort, fand die Fliege so niedlich, daß sie ihr sogar einen Namen gab. Sie nannte sie Emilie und freute sich, ein Haustier mehr zu haben – wenn auch nur ein winzig kleines.

Ihre anderen Haustiere waren der Hund Teddy und der Wellensittich Gocko.

Emilie fand die Wohnung recht behaglich und liebte vor allem die Küche. Voll fröhlicher Erwartung umsummte sie die Mutter der kleinen Arnika, wenn diese den Frühstückstisch deckte. In der Küche fielen beim Brotschneiden immer viele Krümel auf den Tisch. Brotkrümel mochte Emilie besonders gern. Dann aber mußte sie sich beeilen, um zum Eßzimmer zu fliegen, denn dort gab's ihre Lieblingsspeise – Zucker! Arnikas Vater süßte seinen Kaffee mit Zucker, war jedoch meistens etwas unachtsam und verstreute ein paar Krümel. Darauf wartete Emilie; genüßlich tupfte sie dann ihren kleinen Saugrüssel in das süße Krümelchen, das sie zuvor mit ihrem Speichel flüssig gemacht hatte. Herrlich!

Arnika, die selbst gerne Süßigkeiten aß, konnte Emilie gut verstehen und sah ihr gern beim Schleckern zu, ja sie beneidete die kleine Fliege, weil sie gehört hatte, daß Fliegen einen kleinen Kropf haben, in dem sie die Nahrung verwahren, um sie dann nach und nach zu verspeisen.

Gern flog Emilie zum Fenster, marschierte auf der Glasscheibe auf und ab, wobei sie ohne Schwierigkeiten auch mit dem Kopf nach unten laufen konnte – ganz im Gegensatz zu den ungeschickten Menschen, die nicht nur nicht fliegen, sondern auch nicht „kopfunten" laufen können.
Emilie liebte das helle Licht an den Fenstern – nur fand sie die Fensterscheiben bei längerem Laufen etwas kühl. Zum Aufwärmen gab's aber glücklicherweise einen Kachelofen, der mit seinen warmen Kacheln und der sanften Wärme für kalte Füße wie geschaffen war.
Auch Arnika mochte den Kachelofen. Sie lehnte sich allerdings lieber mit dem Rücken an. Nun, Arnika hatte im Rücken ja keine Flügel – eben aus diesem Grund konnte sie aber auch nicht fliegen – bedauernswertes Menschenkind! Immer wieder zeigte Emilie Arnika, wie leicht es ist, mit dem Kopf nach unten zu laufen, auch an den Kacheln des Ofens, aber Arnika war leider recht ungelehrig.
Es mußte an den Füßen liegen. Hatte Arnika etwa keine Haftballen, mit denen sie sich festhalten konnte? Gut, daß das Mädchen wenigstens auf dem Boden laufen konnte. Trotz seiner langen Beine kam es allerdings nur langsam voran. Emilie flog die gleiche Strecke mindestens dreimal so schnell.

Und dann der Hund Teddy, lächerlich, glaubte der doch tatsächlich, er sei flink genug, um eine Fliege zu fangen. Immer wieder versuchte er, Emilie zu schnappen. Daß Tiere mit einem so großen Kopf so dumm sein können!

Gocko, der Wellensittich, konnte wenigstens fliegen und war auch sonst nicht unbegabt. Manchmal ahmte er sogar Menschenworte nach. Einmal hatte Teddy eine kleine Holzfigur vom Schreibtisch geworfen und verkroch sich – voll schlechten Gewissens – unter der Couch.

Arnikas Mutter war ärgerlich und rief aufgebracht: „Hierher, Teddy, komm mal wacker!"

Gocko bekam vor Aufregung einen ganz dünnen Hals und rief aufgeregt: „Komm mal wacker, komm mal wacker!"

Wirklich, Emilie hatte es selbst gehört. Nun, sprechen konnte Emilie nicht, aber ihr Summen war ja auch sehr schön!

Mit Arnikas Großvater spielte Emilie gern Fangen. Der Großvater saß oft am Schreibtisch und las in seinen Büchern. Er hatte eine schöne blanke Glatze, auf der Emilie herrlich landen konnte. Dort tänzelte sie herum, bis es dem Großvater endlich zu dumm wurde und er Emilie verscheuchte. Seine Handbewegungen waren aber so gedankenverloren und langsam, daß Emilie nie ernsthaft in Gefahr war, geschnappt zu werden. Im Gegenteil, sie machte sich jedesmal einen Spaß daraus, bis zum letzten Augenblick zu warten und dann ohne Hast aufzufliegen. Ein, zwei vergnügte Runden umkurvte sie die Deckenlampe, um dann wieder Großvaters Glatze anzupeilen. Spaßig, wie oft Emilie dies Spielchen treiben konnte, ohne Großvater ernsthaft zu erzürnen.

Wie Emilie aus Erfahrung wußte, waren nicht alle Menschen so langmütig!

Eines aber war offensichtlich, alle Familienmitglieder hatten sie gern und waren um ihr Wohl besorgt. Man ließ vorsichtshalber sogar die Zimmertüren offenstehen, nur um Emilie nicht aus Versehen einzuquetschen. Weckte ihr kleines Leben vielleicht freundliche Erinnerungen an vergangene warme Sommertage – oder war sie eine Verheißung auf den kommenden Sommer? Wie auch immer – niemand tat ihr etwas zuleide.

In der Adventszeit bastelte Arnika allerlei erstaunliche Dinge. Mit der Laubsäge entstanden viele gezackte Weihnachtsbäume aus Holz. Als diese dann auf einer Unterlage festgeklebt werden sollten, geschah das Unglück!

Emilie war wie so oft in Arnikas Nähe und flog von einem Holzbäumchen zum anderen, bis Arnika plötzlich aufschrie. Eines von Emilies Beinchen hing im Klebstoff, zitterte noch ein wenig und blieb dann still liegen – einfach so!

Emilie aber hatte sich retten können. Sie saß etwas verdutzt an der Zimmerdecke und wußte nicht recht, was sie dazu sagen sollte. Von ihren sechs Beinchen fehlte das letzte, rechts außen. Immerhin waren ihr noch fünf geblieben. Fünf ist eine ungerade Zahl, und man sollte meinen, Emilies Gang sei nun etwas unelastisch geworden, aber weit gefehlt – sie beherrschte den „Fünffußgang" fast augenblicklich.

Sie war eben ein erstaunliches kleines Tierchen! Auch sonst nahm sie den Unfall nicht weiter schwer, im Gegensatz zu Arnika, der zum erstenmal bewußt wurde, daß man durch Unachtsamkeit viel Schlimmes anrichten kann.

Emilie war vor allem froh, daß ihr die vorderen Beinchen geblieben waren, denn diese brauchte sie zum Waschen ihres Gesichtes und ihres Kopfes. Besonders ihrer Gesichtspflege widmete Emilie viel Zeit.

Arnika sah ihr gern dabei zu. Sie staunte, wie energisch – ja fast rücksichtslos – Emilie dabei vorging. Manchmal fürchtete sie, die kleine Fliege könne sich den Hals verrenken oder gar den Kopf abreißen. Überflüssige Sorge, selbstverständlich! Nein, so intensiv hatte sich Arnika noch nie gewaschen!

Manchmal kam eine Familie mit zwei Kindern zu Besuch. Das größere Mädchen war harmlos, aber Hans, der siebenjährige Junge, erwies sich als unberechenbar. Hans hatte nämlich Angst vor Hunden, auch Teddy war ihm nicht geheuer, obgleich Teddy nur ein kleiner Drahthaarfoxterrier war. Um Teddy ausweichen zu können, kletterte Hans gern auf den Küchentisch und schlug dann das „Räuberhauptmannspiel" vor. Der Tisch wurde zur Burg erklärt, und Hans, der Räuberhauptmann, konnte aus sicherer Höhe die Raubzüge seiner Untergebenen beobachten und dirigieren.

Leider durchschaute ihn auf Dauer sein Räubervolk und machte sich über ihn lustig. Da hieß es zum Beispiel: Hans sei ein Angsthase, er habe ja sogar Angst vor einer Fliege! Man denke, vor einer Fliege! Das konnte Hans nicht auf sich sitzenlassen. Um sein Ansehen als Räuberhauptmann besorgt, sprang er plötzlich vom Tisch – Teddy war gerade nicht im Zimmer – warf einen unguten Blick auf Emilie und stürzte sich, wild entschlossen, mit dem Ruf: „Ich, Angst vor einer Fliege?! Der tanz' ich doch auf dem Kopf herum" auf das überraschte Tierchen, das auf einen solchen Angriff keineswegs vorbereitet war.

Tatsächlich erwischte er Emilie – aber nicht für lange! Räuber Arnika nämlich stürzte sich nun ihrerseits blitzschnell auf den verdutzten Hauptmann und warf ihn zu Boden – die Verzweiflung verlieh ihr ungeahnte Kräfte – und Emilie konnte sich aus der gelockerten „Räuberhand" retten – leicht gequetscht zwar, aber lebend!

Das war noch einmal gutgegangen! An der sicheren Zimmerdecke sitzend, glättete sie ihre zerknitterten Flügel, wobei die Flügelspitze rechts außen wegen des fehlenden Beines etwas zu kurz kam. Bald hatte sie den Vorfall vergessen, doch in der Erinnerung der kleinen Arnika blieb das Ereignis für immer gespeichert.

Schließlich wurde es Frühling, und mit den ersten warmen Sonnenstrahlen beschloß die Familie, Emilie in die Freiheit zu entlassen. Arnika war traurig, sah aber doch ein, daß es für kleine Fliegen draußen viel schöner ist. Das Fenster wurde geöffnet, und Emilie flog ohne Zögern in den warmen Frühlingstag – für Arnika leider ein Abschied für immer.

# Bombina, die Erdhummel

*Nach ihrem Probeflug im April ließ sich die Erdhummel auf einer Blüte nieder und schlürfte begierig den ersten süßen Nektar.*

Die große Erdhummel Bombina hatte den Winter an einem geschützten Platz unter der Erde verbracht. Sie gehörte zu den wenigen Erdhummelweibchen, die aus dem Hummelvolk des Vorjahres den Winter überlebt hatten und nun, ganz auf sich gestellt, eine neue Familie gründen sollten.

Die Aprilsonne schien an diesem Mittag recht warm, und Bombina beschloß, ihr Versteck zu verlassen. Noch aber fühlte sie sich wie benommen. Sie reckte das eine Bein und dann das andere – leider ging alles nur mühsam und langsam. Die Winterstarre ließ sich nicht so leicht abschütteln. Auch das Fliegen wollte noch nicht gelingen. Vielleicht war ihr Entschluß doch zu voreilig gewesen? Schon verkroch sich die wärmende Sonne wieder hinter den Wolken. Natürlich – der April! Kein Verlaß auf das Wetter!

Wo war sie hier überhaupt? Was hatte sie nur auf den Steinen einer Terrasse zu suchen? Schönes duftendes Erdreich, Gartenerde oder Waldboden, das war ihr Ziel! Wieder reckte sie das eine Bein und dann das andere, das dritte und vierte nicht zu vergessen, endlich noch das fünfte und sechste. So, nun das ganze noch einmal von vorn: eins und zwei und drei und vier und fünf und sechs. Wie angenehm es doch sein mußte, nur zwei Beine zu haben! Vorsichtig versuchte sie, mit den Flügeln zu zittern. Auch die Flügel waren so merkwürdig unbeweglich. Gut, daß sie hier nur vier Flügel zu trainieren hatte. Wenn die Sonne nur wiederkäme! Die verflixte Winterkälte steckte ihr wirklich noch scheußlich in den Gliedern! Da, na bitte, endlich ein wärmender Strahl! Wurde aber auch Zeit!

Eben setzte Bombina wieder mit ihrem Übungsprogramm ein – erstes Bein und zweites Bein –, als sie Stimmen von Menschenkindern hörte.

Die warme Frühlingssonne hatte auch Arnika, Katharina und Andreas munter gemacht.

„Guck mal", rief Arnika, „eine dicke Hummel!"

„Oh, schön!" rief Katharina. „Sticht die?"

„Die ist gefährlich", meinte Andreas besorgt, „nicht anfassen, Katharina!"

„Ach was", beruhigte Arnika, „Oma hat gesagt, Hummeln stechen fast nie."

„Warum fliegt sie denn nicht weg?" wollte Katharina wissen.

„Weiß ich auch nicht", antwortete Arnika, „vielleicht ist sie krank."

„Oder sie hat Hunger", meinte Katharina, die selbst immer viel Appetit hatte.

„Ich glaube, die ist doch gefährlich", fürchtete sich Klein-Andreas.

Arnika, die sich als Beschützerin der beiden kleineren Kinder fühlte, wagte sich etwas näher heran, obgleich ihr die Hummel eigentlich auch nicht ganz geheuer war. Sie pflückte ein großes Blatt und hielt es Bombina vorsichtig hin. Diese kletterte nun bereitwillig auf die grüne Unterlage, da ihr das Blatt immerhin natürlicher erschien als die steinerne Terrasse. Angestrengt versuchte sie sich zu erinnern, ob ihr Kinder im Vorjahr schon einmal Unangenehmes angetan hatten. Viel Erfahrung hatte sie nicht sammeln können, da sie erst im Spätherbst aus dem Ei geschlüpft war.

Inzwischen zupfte Katharina vorsorglich eine Menge Blättchen von den Gartenbüschen und bot diese Bombina zum Essen an.

Gut gemeint, dachte Bombina, aber sie war doch kein Blattkäfer! Eine schöne Blume mit viel süßem Nektar oder ein plusteriges Weidenkätzchen, das wäre jetzt das Richtige. Gott, diese Kinder! Was lernten die bloß in der Schule? Ach so, Kindergartenkinder? Na ja, wie gesagt, gut gemeint! Rechtes Bein – linkes Bein – ging ja schon viel besser! Wer sagt's denn?

„Darf ich die Hummel mal streicheln?" fragte Katharina, die sich bewundernd über das schwarz-gelb-weiß-gestreifte Pelzchen Bombinas beugte.

„Ach, lieber nicht", warnte Arnika, man konnte ja nie wissen! Die Hummel war wirklich unheimlich groß. Verhungert sah sie eigentlich nicht aus. „Wir können ja gleich noch mal gucken. Wir wollten doch schaukeln", meinte Arnika und lief mit den Kindern weiter.

Endlich hatte die Sonne Bombinas häutige Flügel soweit erwärmt, daß sie einen Probeflug wagen konnte. Glücklich erhob sie sich in die Luft. Herrlich, dieser erste Flug! Dann ließ sie sich auf einer Blume nieder. Ihr langer Saugrüssel tauchte in die Blüte ein, und begierig schlürfte sie den ersten süßen Nektar dieses Jahres. Pflichtbewußt aber fiel ihr sogleich ein, daß sie nicht zum Spaß überwintert hatte. Sie allein trug die Verantwortung für den Fortbestand ihrer Familie. Niemand konnte ihr dabei helfen. Sie mußte jetzt einen Platz finden, der sich für ein neues Hummelnest eignete – in der Erde natürlich. Nicht umsonst hieß sie ja Erdhummel. Ein altes Mäusenest zum Beispiel wäre ausgezeichnet! Dort, auf der weichen Unterlage von Mäusehaaren, Moos und Gras, wollte sie die ersten kleinen Hummeln heranziehen, die ihr dann später beim Ausbau des Nestes helfen und beim Füttern und Pflegen weiterer Hummelkinder zur Hand gehen sollten.

In Gedanken sah Bombina schon ihre Familie größer und größer werden. Mindestens dreihundert Hummeln sollten ihr Nest bewohnen – mindestens! Hoffentlich gab es einen schönen, warmen und nicht zu feuchten Sommer.

Bedächtig überflog sie noch einige Beete und versuchte auszumachen, ob hier im Garten auch genügend nahrhafte Blumen heranwuchsen. Dann ließ sie sich unter den Bäumen auf dem Gartenboden nieder.

Als die Kinder zurückkamen, fanden sie keine Hummel mehr.

„Schade", sagte Katharina enttäuscht, „wo ist sie nur geblieben?"

Nicht so enttäuscht war Andreas.

„Na, jedenfalls war sie nicht krank", meinte Arnika.

Nein, krank war Bombina nicht. Sie hatte im Gegenteil gerade ein geräumiges Mäusenest unter der Erde gefunden. Hier wollte sie ihre ersten Eier legen. Für das Heranwachsen dieser ersten Hummeln mußte sie nun ganz allein sorgen.

Aber schon wenig später, im Mai, summte es im Garten von vielen kleinen Hummeln, die nichts anderes im Sinn hatten, als Nektar und Blütenstaub einzusammeln und heimzutragen. Sie alle gehörten zu Bombinas Nest und trugen zum Gedeihen und Wachsen der neuen Hummelfamilie bei. Ein fleißiges und gutmütiges Völkchen!

# Culex, die Stechmücke

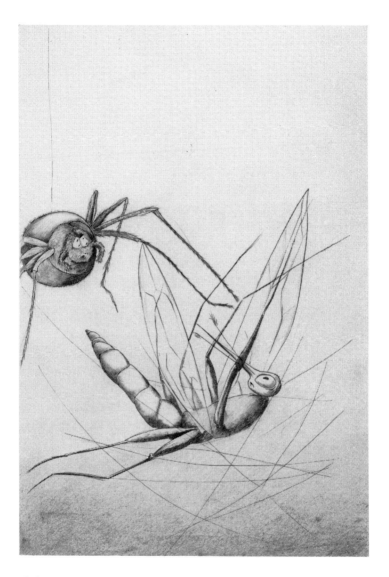

*Klebrige Fäden hielten die Stechmücke in dem Spinnen-
netz fest. Die kleine Spinne war überrascht von ihrem großen Fang.*

Den ganzen warmen Sommertag über waren die Fenster des Hauses fest verschlossen gewesen. Nun aber öffnete die Mutter das Schlafzimmerfenster Arnikas, um die kühlere Abendluft hereinzulassen. Culex, die Stechmücke, hatte auf eine solche Gelegenheit gewartet. Lautlos flog sie in das Kinderzimmer und setzte sich an die Zimmerdecke. Nur nicht auffallen, war ihre Devise! Nein, sie würde nicht so dumm sein wie die Fliegen und durch Summen und Herumschwirren auf sich aufmerksam machen!

Und richtig, Arnika legte sich abends zu Bett, ohne die Mücke bemerkt zu haben. Der verführerische warme Körperduft des Kindes stieg zu Culex auf, und sie mußte sehr an sich halten, um sich nicht sogleich auf Arnika zu stürzen. Geduld, Geduld – das kleine Mädchen mußte erst eingeschlafen sein. Nur dann konnte sie ohne Gefahr für sich selbst ihren Stechrüssel in die Haut des Kindes bohren, eine kleine Ader anpieksen und in Ruhe etwas Blut saugen.

Es war tatsächlich lächerlich, wie sich die Menschen wegen dieses kleinen Tröpfchens anstellten, wo sie doch Liter von Blut in ihren Adern haben. Nebenbei gesagt, begehrte Culex dieses winzige Tröpfchen Blut nicht einmal aus Naschsucht, nein, sie benötigte es dringend für ihre Nachkommen, die sich merkwürdigerweise nur in diesem Tröpfchen Blut entwikkeln konnten. Es war ja wohl einzusehen, daß sie da keine Rücksicht auf die Empfindlichkeit der Menschen nehmen konnte. Leider sahen die Menschen das aber anders. Sie jammerten doch tatsächlich wegen der kleinen juckenden Quaddel, die sich an der Einstichstelle bildete.

Nun ja, das Jucken kam durch Culex' Speichel, den sie einfließen lassen mußte, damit sich die Stichstelle nicht gleich wieder verschloß. Dies aber waren doch wohl geringe Belästigungen im Vergleich zu der Wichtigkeit und Lebensnotwendigkeit ihrer eigenen Beweggründe. Was sollte sie machen? Sie würde weiterhin ein heimliches Leben führen müssen.

Inzwischen war es im Schlafzimmer ganz still und dunkel geworden. Auch die Fliegen hatten ihr Gesumme eingestellt. Eben fielen Arnika die Augen zu, da schreckte sie plötzlich hoch. Ein wohlbekanntes feines Sirren drang an ihr Ohr. Wie sie diesen Ton haßte! Eine Mücke! Schon spürte sie, wie sich das Insekt auf ihrem Arm niederließ. Wütend schlug sie um sich und hoffte, die Mücke erwischt zu haben. Sie lauschte angestrengt. Nichts rührte sich. Langsam ließ ihre Aufmerksamkeit nach, und sie schlief fast schon ein – aber leider nur fast! Da setzte Culex erneut zum Landeflug an – zu dumm, daß sie dabei das verräterische Sirren nicht lassen konnte! Es gibt Menschen, die dadurch aus tiefen Träumen aufgeschreckt werden.
Auch Arnika fuhr hoch, sprang aus dem Bett und machte Licht. Fest entschlossen, die Mücke zu finden, griff sie nach einem Kissen. Culex aber hatte sich eilends hinter einer Gardine versteckt. Winzig, wie sie war, hoffte sie, dort nicht gesehen zu werden. Aber da kannte sie Arnika nicht! Nur wenige Augenblicke, und sie war entdeckt. Schon holte Arnika mit dem Kissen aus. Doch durch den Luftzug gewarnt, gelang es Culex gerade noch rechtzeitig aufzufliegen. Nun saß sie oberhalb des Schrankes – jetzt über der

Kommode – und weiter ging die Jagd – nun an der Lampe. In ihrem Zorn hätte Arnika die Lampe beinahe zerschlagen. Aber schon flüchtete die Mücke in einen Zimmerwinkel. Arnika hinterher. So, jetzt war es Culex leid! Sie griff zu einem bewährten Mückentrick und ließ sich einfach fallen. Na bitte, weg war sie!

Tja, das allerdings hätte sie besser nicht getan, denn sie fiel „vom Regen in die Traufe". Auf dem Fußboden nämlich, in einem versteckten Winkel, lebte eine kleine Spinne. Ihr Netz war nicht schön und groß, eher etwas unordentlich und klein, aber es hielt Culex trotzdem mit seinen klebrigen Fäden fest. Zwei ihrer Beine hatten sich so verheddert, daß sie sie trotz aller Kraftanstrengungen nicht befreien konnte.

Die kleine Spinne war gleichfalls überrascht. Einen so großen Fang hatte sie nicht erwartet. Erschrocken flüchtete sie hinter einen Schrankfuß. Durch ihr eiliges Gekrabbel aber war Arnika auf sie aufmerksam geworden, und als sie nach unten schaute, entdeckte sie zugleich die Mücke im Spinnennetz. Nun liebte Arnika Mücken zwar nicht – aber Spinnen waren ihr ein noch größeres Greuel! Mit einem Schreckensschrei schlug sie zu und traf das Spinnennetz, das sie total zerstörte.

Während die kleine Spinne dank ihrer acht flinken Beine gerettet hinter dem Schrankfuß saß, bekam Culex einen tüchtigen Schlag ab. Sie fühlte sich ziemlich benommen. Da sie aber von kräftiger Konstitution war, erholte sie sich relativ rasch wieder. Ja, sie konnte sogar von Glück sagen, denn die ekligen Klebefäden des Spinnennetzes waren an dem Kissen haften geblieben. Wunderbar! Sie konnte sich tatsächlich wieder frei bewegen. So kam es, daß Arnika durch ihre Spinnenfurcht zur Befreiung der Mücke noch selbst beigetragen hatte.

Arnika allerdings glaubte, beiden Tieren den Garaus gemacht zu haben. Zwei auf einen Streich! Immerhin, das war doch schon etwas!

Zufrieden legte sie sich wieder zu Bett und war bald eingeschlafen.

Culex aber wartete dieses Mal lang! Noch einmal würde sie sich durch Ungeduld nicht zu voreiligen Taten verführen lassen! Erst mitten in der Nacht unternahm sie einen neuen Landeversuch. Und dieses Mal merkte das kleine Mädchen nichts. Allerdings wunderte es sich am nächsten Morgen über den juckenden Mückenstich. Wie war es nur möglich, daß eine erschlagene Mücke noch stechen konnte?!